LE LINGALA EST MAL PARLÉ

Contents

L'ALTERNANCE DANS LES LANGUES

LE LINGALA EST MAL PARLÉ

LINGALA ELOBAMAKA MABE

Analysons ensemble

Joel Mbumba Luzolo Kiya

Marketing et distribution par:

: **Group Kiya Pty(ltd) and Partners**
Construction and Development
Johannesburg -South Africa

Co-éditeur: Sheikh Anta Diop College
South-Africa

Sponsorisé par: **Group Kiya Pty(ltd) and Partners**
Construction and Development
Johannesburg -South Africa

L'AUTEUR

Joel Mbumba Luzolo Kiya, l'auteur de ce manuel d'une particularité incitative dont l'intitulé est sur la couverture, est Constructeur de formation, spécialisé en: Gestion Des Projets de Construction, de l'Université of Cape-Town) et Architecte D'intérieur, vivant à Johannesburg en Afrique du Sud.

Le domaine des langues demeure pour lui une passion profonde et indéniable, au travers de laquelle il a développé l'intérêt à la publication de ses pensées, fruits des ses propres recherches, dont la plus importante recule et recadre l'extravagante **Coupe du monde de football de 2010** en Afrique du Sud dont l'intitulé est : 'A GATEWAY TO THE FRENCH WORLD', un manuel qui a servi de manière cohérente et interlocutive les hôtes et invités de ladite extravagance, cependant non encore publié.

C'est dans cette même optique que l'auteur se voit emporter par une curiosité inspiratoire à certaines imperfections maniables qui bourdonnent dans la langue Lingala d'origine congolaise et qui nécessitent une cohérence purement littéraire pour une augmentation de valeur estimable de cette magnifique langue.

Au-delà la langue française, **Joël** maitrise exceptionnellement l'anglais, le portugais et l'espagnol qui lui facilitent une intégration ajustable dans des communautés parallèles au travers le monde.

En ce qui me concerne personnellement, je vous confirme par ailleurs, en toute sincérité, que j'ai une connaissance très limitée de la langue lingala d'autant plus qu'elle ne fait pas part de ma langue maternelle. D'ailleurs, beaucoup de mots en Lingala me sont encore absurdes par rapport à leurs significations et même leur sens authentique; voilà ma faiblesse. D'où l'initiative d'insérer l'apprentissage des nos quatre langues nationales dans le curriculum scolaire et la création des centres d'apprentissages ou même d'études de ces langues dans notre pays, me serait une autre ouverture aux horizons lointaines en tant que Polyglotte. Entretemps, je me vois dans l'obligation de m'imprégner à connaitre parfaitement cette langue nationale, le Lingala, une préférence de plusieurs africains.

Par ailleurs, j'ai une forte curiosité et très sensible devant des opinions erronées, surtout dans le cadre linguistique ma plus grande préférence, que je ne sais faire abstraction devant ce genre d'abus aussi palpable que ça. Cette raison m'a conduit dans l'obligation de mettre à la disposition de tous ce mini manuel, afin de servir tout le monde d'outil à son intégration, et qui vous permettra d'ajuster votre locution en Lingala plus précisément, là où cela peut vous être nécessaire.

Elle est en effet loin d'être une découverte comme précédemment dit; c'est une simple inadvertance de notre part tous en tant que congolais, sur laquelle j'ai juste accordé une attention effective au-dessus de l'inadvertance des autres.

Pour cette raison, ce serait avec beaucoup d'estime que vos commentaires et objections seront reçus en toute modestie. Cela me permettra de m'ajuster aussi aux innovations prochaines qui seront sujets de vos apports et suscitera des nombreux débats. Je m'abstiens de prétendre trop connaitre, de peur que je ne me retrouve borné mais surtout pervers dans un monde en ébullition comme d'aujourd'hui.

INTRODUCTION :

LES LANGUES AFRICAINES.

Les langues africaines ont une diversification sans nombre compte tenu des fondements desquels elles découlent; elles sont issues des origines tribales et claniques dont la manière dont elles s'appliquent dans leurs milieux peut être mesurée probablement suivant l'attachement clanique et coutumier.

Elles sont toutes presque informelles, sans aucune exigence grammaticale, pourvu qu'il y ait cohésion d'idée pour une compréhension mutuelle sous une forme interlocutoire. Cependant, par rapport à l'évolution scientifique et technique de la modernisation actuelle, et même culturelle du présent siècle, les générations présentes commencent à apercevoir les valeurs contenues dans cet héritage linguistique de leurs ancêtres. Une prise de conscience a pris place pour une transformation mentale fiable à notre gain vis à vis de nos héritages, surtout de cette occurrence qui fait mention de nos langues. Nous sommes, en effet, tous témoins de nos lacunes; faut-il pour cela, que nous nous en passions? A qui alors imputerait-t-on les causes de cette défaillance? Accepterions-nous de continuer dans la voie de l'humiliation comme nous l'avions toujours été depuis nos premiers ascendants? Bien sûr que non!

Le temps est révolu, nous sommes en ce jour en train de flâner sur une nouvelle plateforme qui éveille toute la planète, afin de prendre une nouvelle allure dans La manière d'apercevoir l'avenir.

Les langues sont généralement l'outil le plus important pour l'évolution d'un peuple sans issue, en quête de sa destinée. Elles facilitent l'intégration, quel que soit son milieu ou son origine.

ORIGINE ET EXPENSION DE LA LANGUE

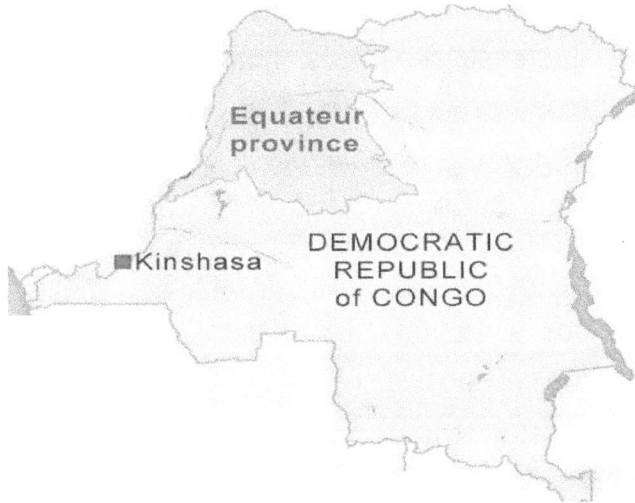

LINGALA

Le **Lingala** est l'une des langues parlées au Congo Démocratique. Les *Bangala sont* Ses locuteurs originaux, dont *Mungala* est son diminutif. Les *Bangala* habitent la province de l'Equateur au Nord-Ouest de la République Démocratique du Congo. Cette langue **Lingala** n'est pas la seule langue parlée dans cette province, qui est habitée par plusieurs autres tribus et ethnies; il est l'outil intégral, d'intersection pour la communication de ce peuple dans cette province.

Historiquement, le **Lingala** a pris son allure migratoire vers Kinshasa la capitale dont les militaires, ressortissants de cette province dans l'armée coloniale Belge d'antan, dénommée: ***Force Publique***, dont cette énigme, est aujourd'hui une réalité. Ils furent la principale carriole de cet atout.

Les colons Belges en feront alors une langue d'expression commune pour les recrus, nouveaux et anciens, à cause des migrations d'autres peuples. Leurs interconnections sociales par voie de mariage, de commerce, et des similitudes des langues Bantus, furent aussi un des motifs qui a attisé ce mouvement migratoire du peuple et sa langue. Cependant elle est la langue la plus usitée aujourd'hui dans toutes les provinces de la République Démocratique du Congo.

Revêtant un don attractif à ses auditeurs, la langue lingala s'est fait adopter des plusieurs autres nations africaines comme l'une de leurs langues nationales. Tel est le cas de l'Angola, et la République du Congo-Brazza, alors que Kinshasa et Brazzaville sont deux capitales les plus rapprochées du monde, et qui requalifie l'influence de cette magnifique langue.

Elle est systématiquement repartie par rapport au milieu et groupement sociaux comme toutes les autres langues au monde; et cette répartition des milieux constitue des différentes nuances dans sa pratique.

Ainsi se remarque une grande différence de Lingala qui se parle dans le milieu des jeunes, tout comme celui des adultes. La même remarque s'approuve aussi dans le milieu des officiers de la police et des militaires. En plus, vous remarquerez que la belle musique congolaise approuve ses charmes avec un Lingala complètement différent des milieux cités ci-haut. Cette diversité des nuances constitue en effet le dynamisme de cette langue qui a même influencé beaucoup d'autres peuples des pays d'outremers. Tel est le cas dans les pays d'Europe, des pays africains, et même en Amérique dans les quartiers où sont intégrées les communautés

Congolaises. La Belgique fait part des cas les plus saillant, comme dans le quartier dénommé '*Matongé*'; et à Paris, au Château-Rouge, et que sais-je encore.

En Afrique, le Lingala s'est finalement rependu au Congo-Brazza, au Sud du Gabon et en Angola. Aussi, grâce à l'ébullition de la musique congolaise d'expression lingala comme notifié dessus, qu'elle trouve ses fanatiques et ses locuteurs au delà de la République Démocratique du Congo. Ainsi, les autres nations, particulièrement la Zambie, le Malawi,

Le Kenya, la Tanzanie, le Burundi, le Rwanda, l'Uganda, la Guinée Conakry, même le Liban, s'adaptent tous aujourd'hui au Lingala de la même manière que s'appliquent la langue Française, l'Anglais et le Portugais Européens. Il ya une probabilité optimale que le Lingala soit universalisé, de manière à atteindre plusieurs peuples de la planète.

PARTICULARITE DE LA LANGUE LINGALA.

Toujours dans cette volupté qui nous ravi de gout de bien définir cette belle langue, notre attention reste très particulière pour ce Lingala de la république Démocratique du Congo. Une langue maternelle de la province de l'Equateur qui a perdu son origine authentique, après avoir subi une forte infiltration d'éléments étrangers, d'influence européenne française aussi imposante.

La langue Lingala est une langue Créole pareille à plusieurs autres dans le monde comme les langues des iles des Antilles et des Caraïbes. Cette même influence se fait remarquer aussi dans les langues nationales des pays de l'Afrique de l'Ouest comme *le wolof, le sereer, le pulaar, le joola, le malinké et le soninké toutes de la* République du Sénégal; le même cas se remarque dans *Bamanakan, songhaï, tamashek de la* République du Mali *et autres.* Vous remarquerez que dans toutes ce langues locales, il ya d'une manière ou d'une autre un mot français qui s'est infiltré et considéré comme normal. Voilà la forme créole dont je fais allusion.

La même spoliation a totalement affecté le Lingala de la RDC; un mixage du français et de lingala. Pourtant, c'est en effet ce métissage qui a composé les deux bons ingrédients d'où résulte ce charme attrayant en Lingala au bon plaisir de ses auditeurs, mieux encore que son original.

Compte tenu de la forme créole que revêt le Lingala aujourd'hui, il est incompatible qu'il soit dissocié du français d'autant plus qu'ils sont tous deux en complémentarité parallèle de l'un envers l'autre. Et la jeunesse actuelle congolaise, dépourvue de toute information sur l'histoire de cette langue, se laisse absorber de son apparence et influence présentes, pourtant dénaturalisée.

Il me semble invraisemblable que la langue Lingala qui trouve ses origines en République Démocratique du Congo comme venté dans les paragraphes précédents, soit très **mal parlée, même** par ses originaires **Bangala**, tel que ainsi interpeler dans notre intitulé.

MATIERES DU QUESTIONNEMENT

'Serrez vos ceintures, je vous en prie, afin que votre attention ne vous soit déprimée émotionnellement pendant que nous embarquons dans la bouilloire de notre primordial'.

Les langues font l'objet de ma plus grande passion s'il était question de me retrouver devant un choix à faire quelle que soit l'importance de la raison. Pour cela je fourni un minimum d'effort afin de pouvoir bien articuler ces langues d'origine européenne desquelles plusieurs, sinon la quasi-totalité des africains sont en aliénation. D'autre part, le dialecte de ma tribu d'origine, le **KIYOMBE** reste primordial et inconditionnel.

Malheureusement, aujourd'hui, par manque des pratiques régulières, la langue Espagnole est en train de subir les effets de dissipation, sensiblement remarquable par des intermittentes lacunes tout au long de mes conversations sporadiques avec les originaires de celle-ci.

Mon attention s'est finalement réveillée par curiosité, lorsque j'entends le manque de cohérence grammaticale en stylistique dans la pratique de la **langue Lingala** par ses propres originaires. J'ai en effet vite intercepté *un aspect d'une pratique grammaticale abusive dans le **Lingala**, de manière à l'enfoncer d'avantage dans l'informelle.* Pourtant elle est une langue qui dispose de tous les atouts susceptibles à l'utiliser valablement dans notre programme scolaire comme en est le cas dans plusieurs pays dans le monde qui ont valorisé systématiquement leurs langues, sans emprunt, de la naissance à l'université et même au-delà de l'inattendu. C'est sur base de leurs langues nationales que ces autres nations ont cimenté leur éducation et leur mode de vie. Un modèle qui nous servirait d'exemple à imiter, de ces pays d'Europe, d'Asie et d'ailleurs.

Malheureusement, c'est toujours en Afrique où généralement les abus sont considérés normaux, alors que le **Swahili** de la Tanzanie assumait déjà le leadership dans cette voie de désenclavement afin de permettre aux autres langues africaines de suivre les mêmes traces autonomes; par ailleurs l'option a été inhibée, puis placé dans le placard afin que plus personne n'en parle. Malgré des initiatives entreprises par plusieurs nations africaines afin d'en faire un élément conjonctif pour mieux conserver nos valeurs culturelles et coutumières africaines, et faciliter le libre-échange de nos richesse en tant que Africains, la démarche est restée infertile.

Le Lingala par ailleurs est l'une des langues les plus charmantes au monde surtout de par sa forme **créole** d'actuelle. Il attire la curiosité de plusieurs nations et provoque un fort désir et intérêt d'en acquérir vu le ton mélodique que cela émet dans son articulation, aussi bien que son métissage franco-lingala.

Je suis ému d'entendre des nationaux étrangers comme les Sud-africains avec qui j'ai passé presque la moitié de ma vie, et même des européens qui articulent incroyablement cette belle langue parfois mieux que certains congolais d'origine! Alors que certaines régions du Congo Démocratique ont rejeté cette belle langue, enviée de tous, l'identifiant à une langue des voyous et des délinquants. Une réaction manifestée probablement sous influence d'opinion tribaliste, pourtant une moindre restructuration systématique suffirait pour qu'elle atteigne une valeur importante et distinguée dans le monde linguistique.

La langue Lingala a une formulation unique avec des interférences positives linguistiques systématisées par rapport au milieu et groupement sociaux, de la même manière dont elle s'applique dans plusieurs autres langues au monde.

Ainsi se remarque la différence de Lingala qui se parle dans le milieu des jeunes, tout comme celui des adultes, aussi biens que dans les milieux de la police et militaires. Vous remarquerez en plus que la belle musique congolaise approuve ses charmes avec un Lingala complètement différent des milieux cités ci-haut. Cette diversité des nuances constitue en effet le dynamisme de cette langue qui a même influencé beaucoup d'autres peuples des pays d'outremers comme en Europe, des pays africains, et même en Amérique dans les quartiers où sont intégrées les communautés Congolaises.

LES ASSERTIONS INFORMELLES ET FORMELLES EN STYLISTIQUE DE LA LANGUE LINGALA

Cette analyse a été toutefois d'une grande importance, mais notre attention est plus sur la fiabilité et l'analyse stylistique de la langue Lingala qui fait l'objet de notre étude profonde dans ce manuscrit.

La stylistique à laquelle je fais allusion dans cette analyse est purement descriptive.

Dans ma curiosité, mon attention a été captive pendant des conversations en Lingala, dans lesquelles j'ai remarqué une cacophonie dans l'utilisation des mots et phrases; une confusion totale dans leur constitution dont voici les spécimens:

PREMIER ASPECT :

LA FORME NEGATIVE AVEC L'ADVERBE *(te)*

Ex: - Nalingaka komona mutu oyo **te**. (faux).
Nalingaka **te** komona mutu oyo. (**vrai**).

L'idée motrice dans cette assertion n'est pas d'aimer mais de ne pas vouloir voir. En effet, dans la première assertion, l'idée motrice est celle de ne vouloir pas voir la personne et non du choix de la personne à voir. La confusion se crée dans l'emplacement de l'adverbe négatif qui est te. Ce seul petit mot a eu la capacité de contredire complètement toute l'assertion pour un sens opposé; un paradoxe dans sa totalité. Et c'est par cette confusion littérale que j'ai conclu dans mon intitulé que « **LE LINGALA EST MAL PARLÉ** »; d'où une analyse stylistique dans cette forme négative des assertions en lingala apporterait une majoration qualitative à la valeur et importance de cette formidable et intéressante langue.

Après une analyse étymologique du nouveau Lingala-Créole, le rapprochement formel ou même littéral, assimilé à la langue française reste inévitable. Les deux langues sont justement conciliables dans l'emplacement de la négation te comme il en est le cas en français (**ne pas**). Le concept dans sa forme réelle vous conduira à comprendre probablement mieux que moi que, cette analyse est d'une réalité absolue.

C'est une ignorance qui ne préserve personne. Remarquez avec moi que, même des personnalités élevés en dignité, des professeurs des langues dans des grandes institutions de notre pays, aussi bien que des autorités politiques qui cherchent souvent à sympathiser avec leur peuple, tombent dans cette défaillance pendant des rassemblements populaires. Une plateforme parallèle, appropriée aux pareilles circonstances, sous prétexte de communiquer avec la population en une langue qui leur est familière, 'Le Lingala'. Mais se retrouvent embourbés dans cette même incohérence. Réalisez combien cette belle langue est totalement marginalisée, en plus aux personnes à qui la fierté d'initiation de l'inédit serait sous leur tutelle. Aujourd'hui elle est dépourvue de toute considération de nous-mêmes qui en sommes propriétaires en tant que langue nationale.

Pour y revenir, dans l'assertion «**Nalingaka komona**» veut simplement dire que «**j'aime voir**»; *mais la personne n'est pas celle-là*, faisant allusion à une autre personne de qui l'on a aucune précision, lorsque l'on finit l'assertion par «**mutu oyo te**». Alors que dans l'assertion dite (juste) «**nalingaka te**», on est plus spécifique, brandissant son intention de ne vouloir pas voir la personne que l'on indique. Celle qu'exactement on n'aime pas.

Il est ainsi d'une importance capitale d'apporter son attention sur l'emplacement du mot te pour marquer la forme négative dans une assertion en Lingala.

Des natifs de cette langue se voient plus encore embourber dans cette confusion, et personne depuis plusieurs générations n'a pu déceler cette confusion littérale.

Pour permettre à tous nos lecteurs de bien assimiler cette découverte cachée, nous avons décidé de mettre à leur portée, **une**

suite d'assertions ayant le même dérèglement de concept, afin d'améliorer l'articulation de la langue lingala de manière formelle et irrépréhensible, **<u>pour toujours</u>**:

Na kanisaki na komona yo lelo **te**. **(faux)** Mokolo nini ?
Na kanisaki **te** komona yo lelo. **(vrai)**

Nalingaka kokota makambo ya batu **te**. **(faux)**
Nalingaka **te** kokota makambo ya batu. **(vrai)**

Balambaka fumbua boye **te**. **(faux)**
Balambaka **te** fumbua boye **ou**
Boye **te** balambaka fumbua.   **(vrai)**

Tosambelaka na ndako ya Nzambe oyo **te**. **(faux)**
Tosambelaka **te** na ndako ya Nzambe oyo. **(vrai)**

Nakolobela makambo na bango te.**(faux)**
Nakolobela **te** makambo na bango. **(vrai)**

Bako sakana na bana na ngayi te. **(faux)**
                A qui sont ces enfants finalement?
Bako sakana te na bana na ngayi. **(vrai)**

Bato nionso wana bako kota na ndako na ngayi te. **(faux)**
            Cette maison n'est-elle pas à toi ?
Bato nionso wana bako kota **te** na ndako na gayi. **(vrai)**

Tolobelaki likambo ya ba Congolais **te** na réunion ya lobi. **(faux)**
Tolobelaki **te** likambo ya ba Congolais na réunion ya lobi. **(vrai)**

Nalingaka basakana na mama na gayi **te**. **(faux)**.
Ici tu renies carrément ta mère dans ce cas!
Nalingaka **te** basakana na mama na ngayi. **(vrai)**

Pardon kosomba biloko ya bato oyo **te**.   **(faux)**
Biloko ya bato nini?
Pardon kosomba **te** biloko ya bato oyo. **(Vrai)**

Bayebi makambo bazali kosala **te**. **(faux)**
Bayebi **te** makambo bazali kosala.**(vrai)**

Nazo sala nyonso po ba niokola bana Congo **te**. **(faux)**
Nazo sala nyonso po ba niokola **te** bana Congo. **(vrai)**

Nasimbi biloko na bango **te**. **(faux)**
Nasimbi **te** biloko na bango. **(vrai)**

Alingaka bana naye moko **te**. **(faux)** Ya nani?
Alingaka **te** bana naye moko. **(vrai)**

Ngai mutu natindaki bango **te**. **(faux)**
Ngai **te** mutu natindaki bango. **(vrai)**
soit Mutu atindaki bango, ngai te

Basakanaka na réputation ya mutu oyo **te**. **(faux)**
Basakanaka **te** na reputation ya mutu oyo. **(vrai)**

Voilà en effet quelques assertions qui confirment le qui-pro-quo de la langue Lingala courant dans toutes les communautés congolaises lingala-phone dans le monde.

LE DEUXIEME ASPECT:

LA forme conditionnelle ave (SI).

De la forme *négative erronée* des phrases en lingala qui a fait l'objet du parafe dans les paragraphes précédents, suscite un autre antipode qui se remarque dans l'utilisation du conditionnel *'Soki'*, qui fait allusion à *'Si'* en français en tant que concordant au créole. Voici encore certaines assertions qui vont en effet nous permettre de bien découvrir cette nouvelle incohésion. Une incohérence partielle et non totale, suivant le contexte dans lequel il est utilisé.

Nakopesa yo réponse **soki** nazongi.
(tango nako zonga)
Dès que je reviens et non si je reviens.

Nako benga yo **soki** nalamuki. *(sima kolamuka)*
Dès que je me réveille et non si je me réveille.

Nakotiela yo biloko **soki** ebeli. *(tango ekobela)*
Dès que c'est prêt et non si c'est prêt (cuit).

Nako tanda bilamba **soki** nasilisi kosokola yango.
(Sima kosilisa kosokola yango)
Après avoir terminé et non si je termine.

Nako mela mayi **soki** nasilisi kolia
(sima kosilisa kolia).
Après avoir terminé de manger et non si je termine de manger.

Nako ya tosolola **soki** tongo etani
(tango tongo ekotana)
Je vais venir causer avec toi dès le matin et non s'il faira matin
parce que le matin apparaitra sans aucun doute.

Nako bima ndako **soki** mbula ekati konoka
(Sima mbula kokata ko noka)
Je sortirai de la maison après qu'il ait cessé de pleuvoir et non s'il
cesse de pleuvoir.

Nakosokola bébé **soki** alamuki *(sima kolamuka)*
Après qu'il soit réveillé et non s'il se réveille.
Apparemment on veut souhaiter le malheur à l'enfant.

Faites avec moi des analyses objectives pour une bonne compréhension de cette réalité apparente.

Soki(Si) est une conjonction de subordination qui exige une condition au préalable et au même moment amène au doute et à une incertitude formelle.

Lorsqu'une situation est évidente, elle prouve qu'elle est incontournable. Pourquoi vivre complètement dans un monde où l'on a jamais été sure de soi-même. Et même à ceux qui croit à la bible, Dieu Lui-même a dit sans la **Foi** personne n'est agréable à Lui et n'entrera point dans son royaume. Pourquoi même dans les circonstances les plus évidentes possibles on se laisse dans une incertitude perverse!

*Ex. Nako mela mayi **soki** nasilisi kolia.*

C'est très grave que l'on ne soit pas sûre du tout que l'on terminera de manger !

- contexte non-évident ou improbable

C'est un contexte dans lequel on n'a aucune assurance d'état de lieu. Ainsi, douter de cette évidence est bel bien normal.

Exemple:

Nako pesa ye mokanda oyo **soki** namoni ye.
Je lui donnerai cette lettre si je le vois.

Nako sombela yo elamba **soki** bafuti ngayi lelo.
 Je t'achèterai un habit si on me paye aujourd'hui.

Nako futa niongo nayo **soki** na teki lelo
Je payerai ta dette si je vends aujourd'hui.

Ces assertions témoignent des faits réels. Il n'ya aucune assurance de:

Voir la personne, d'être payé aujourd'hui ou de vendre aujourd'hui. Donc, ici le conditionnel Soki(Si) est utilisé dans son contexte exclusif.

PROPOSITION DE VALORISATION DE LA LANGUE LINGALA

Que cette introduction, ne serve que d'un point de départ pour les grammairiens congolais, qui est un peuple très doué, d'une intelligence de grande distinction parmi tant d'autres au monde; c'est une simple introduction qui vous permettra d'approfondir vos recherches dans toute son entièreté en faveur de notre langue pour la redynamisation de nos valeurs en tant que peuple.

Après une pareille détection de ce genre d'abus à cette mesure, ne pas se procurer d'une mesure de réparation en faveur de cette noblesse, serait inadmissible et inconcevable. Et le diagnostique réalisé à cet effet doit porter une connotation positive et définitive.

Je suis parfaitement d'avis que la langue **Lingala** a des mérites incontestables, dont, une fois restructurée, elle porterait plus de mérites que nous ne l'imaginions, vue l'intérêt qu'elle revêt par rapport à sa vitesse d'expansion dans plusieurs communautés du monde, même aux non-originaires sans allusion à la race.

Il est sans doute qu'un avis commun des natifs héritiers de cette valeur, approuvent l'option, qu'elle soit introduite dans le curriculum de l'éducation nationale congolaise, comme cours ou leçons dans le programme scolaire de notre pays. Allant du niveau élémentaire au niveau supérieur pour une assimilation assidue, vu l'intérêt que le monde en accorde aujourd'hui malgré notre propre inadvertance à ce sujet. Quel que soit l'enracinement des langues des occidentaux dans nos communautés, hors de notre approbation, notre Lingala doit aussi virtuellement entrer dans la course de la compétition.

La République Démocratique du Congo est en phase de *Renaissance*; il est en principe important que tout ce qui a fait obstruction au bonheur des congolais soit débouté, afin de retracer un nouveau parcours solide pour la redynamisation de la vitalité de la culture congolaise dans laquelle nous retraçons aussi les langues. Ce serait une autre phase de preuve de potentialité si chaque natif congolais pouvait lire, écrire et parler cette langue nationale de manière effective. C'est un sujet d'une dignité valable si un pareil rêve peut devenir une réalité palpable.

LES LANGUES NATIONALES CONGOLAISES
ET LEUR APPORT.

Dans le même ordre de concept, Il est temps de mettre en évidence l'importance de nos langues nationales pour un objectif constructif. Une opportunité par laquelle je souhaiterais que s'ouvre un forum national scientifique sur toutes nos langues et dialectes soit débattue sous l'orientation de nos linguistes et littéraires congolais. Sinon, au préalable, l'étendre au point d'introduire toutes les quatre langues nationales au programme scolaire de notre pays comme suggéré ci-haut. C'est ainsi que tout congolais, s'intéressera à parler Kiluba, Kiswahili, Kikongo, et Lingala sans forcement être originaire de la région où cette langue trouve ses origines.

Une pareille initiative servirait d'éradiquer les barricades régionales linguistiques, qui sont la cause réelle du tribalisme en République Démocratique du Congo. Une des stratégies qui servirait aussi de promouvoir l'Unité Nationale au milieu d'un seul peuple qui se retrouve aujourd'hui dans une position débandée. Néanmoins, si cette stratégie peut trouver son statut dans un débat populaire télévisé ou même introduit à l'Assemblée nationale pour en être débattu, elle peut servir de motivation pour susciter l'intérêt de tous les congolais de promouvoir le gout d'apprendre ses langues nationales sans en être forcé, afin d'éradiquer le tribalisme dans tout le territoire national.

A cet effet, l'option de créer des centres linguistiques privés ou même nationaux serait une bonne initiative, et une stratégie adéquate de s'adhérer à cette vision. Et si l'on ne peut pas être à mesure d'apprendre toutes les quatre langues nationales à la fois, du moins, le choix individuel est d'une importance capitale de porter son intérêt sur celle à laquelle on accorde plus d'importance pour des raisons purement personnelles.

Ainsi, ceci serait une clé importante dans le but d'assurer l'unité nationale qui faciliterait l'intégration de la population dans toutes les provinces de notre cher pays de son choix, de s'y installer et de vivre dans le périphérique national sans aucune discrimination, d'autant plus que la communication dans toutes les communautés deviendrait facile. C'est une réalité importante de laquelle nous puisons cette inspiration parmi les peuples avec lesquels nous cohabitons à la diaspora.

ASSORTIMENT ANALOGUE

La similitude des lacunes en lingala et en français.

Cette même persistante attention est piquée d'une poussée à fusée au point de nous conduire à l'élargissement de notre plateforme des recherches, relative à la conception précédente qui vient assurément de tiquer tous notre éveil.

Nous voulons cependant changer d'horizon en abordant une nouvelle phase d'alternance linguistique encore sensible, qui va nous conduire dans une optique parallèle à la précédente tel que inspiré tantôt. Nous demeurons toujours dans l'option de disséquer les imperfections dans la pratique des langues et leurs structures littérales.

A ce point important, nous voulons nous laisser absorber aux imperfections phonétiques dans la langue française courante, encore dans notre communauté congolaise, laquelle je porte dans mon intimité, de qui je brigue succès et distinction totale, surtout que, d'elle je puise mes origines.

Sincèrement, ce sont des incohérences qui sortent le plus souvent de l'expression quotidienne des personnes ordinaires et même des éloquences des intellectuels comme précisé ci-haut, tels que les étudiants, les journalistes, les cadres universitaires, les pasteurs, etc.

Dirions-nous que ce soit une défaillance incertaine à ce niveau? Je ne saurais à cet effet confirmer une pareille interpellation. Je peux encore être moindrement flexible aux amateurs de la langue française qui se démènent encore, voulant bien se positionner au rang des cérébraux par complexe d'infériorité; mais pas aux avancés comme ceux-ci cités ci-hauts.

Je viens au préalable vous présenter les terminaisons auxquelles je fais allusion, et par lesquelles ils se font avoir aux pièges par défauts de prononciation, qui ressortent des plusieurs mots et adjectifs dont voilà un minimum d'extraits pour juste nous en servir encore que de spécimen:

Docteur   et non   doctere (aire)
Menteur   et non   mentaire
Dieu   et non   Dié
Vieux   et non   Vié
Réalisateur   et non   Réalisataire
Ingénieur   et non   Ingenière.
Directeur   et non   Directaire
Jésus   et non   Jezi
Inutile   et non   initile

La liste est interminable de ce genre d'imperfections dans la pratique de la langue française en République Démocratique du Congo.

Pour une relaxe de plaisanterie, il m'a été en effet soufflé à l'oreille par un confrère africain, qu'un natif Français d'origine lui aurait dit qu'en Afrique on parle une langue semblable à la langue française, celle que nous appelons '**Français'**, cette langue des colons. C'est justement par rapport à cette incohérence de prononciation qu'une pareille conclusion lui revient selon sa conception.

Des terminaisons des voyelles et des consonnes verbalement utilisées de manière abusive dans la société et communauté congolaise en particulier.

Ma préoccupation est de vouloir savoir la raison pour laquelle ma communauté n'arrive pas à se saisir de la différence phonétique de: EUR(eø), ERE(er) et autres tels que évoquées ci-haut.

LA BILE DOSEE

Je voudrai bien me simplifier devant votre grandeur si mon langage dans cette remarque peut revêtir un caractère abusif, pourtant ceci est loin d'être intentionnel. Vous ne mériterez absolument pas de porter le fardeau de ce méfait linguistique. Il revient effectivement à ceux à qui la charge a été confiée d'assurer notre avenir éducatif, afin d'exceller dans nos discours tout au long de notre vie dans des plateformes non exceptées et exigeantes. Il est irréfutable que nous nous retrouverons devant des auditoires primordiaux, occupés par des conviés intolérants, d'une intransigeance sans merci; pour cela nous devons en être conséquent.

Ils se verront sensibles devant les abus d'une langue qui confirme la dignité de leur valeur. Ainsi nous nous retrouvons encore fatalement réduis plus qu'avant faute à une pareille faiblesse dans un domaine comme celui-ci.

C'est ainsi que nos ascendantes générations se sont vues embourbées dans la même confusion, faute d'imitation aveugle sans sous-bassement relatif.

Après cette prise de conscience à ce sujet, il serait impératif de revoir sa dimension intellectuelle, et rectifier toutes ces imperfections en une période concurrente, dans l'objectif de regagner sa confidence dans tous milieux où l'on s'est laissé réduit, mal estimer suite à une pareille faiblesse.

Ces imperfections dans le langage francophone congolais sont diverses dans le domaine grammatical; mais aujourd'hui nous avons voulu nous étaler exclusivement dans la stylistique, aussi bien que dans la phonétique auxquelles notre attention est sensiblement captive.

L'IDENTITE SPECIFIQUE DU MANUEL

Anticipativement, je suis d'avis avec ferme conviction que ce manuel comme je l'identifie d'Outil Curatif, réveillera l'attention de plusieurs passionnés et assoiffés de 'L'**Esprit** d'**Excellence**'.

C'est un résultat d'une curiosité expéditive, et simultanée, qui ne nous revient jamais dans l'esprit, pour une amélioration adéquate. Alors que plusieurs d'entre nous l'ont remarqué de nos académiciens, trempés dans cette imperfection fatale. Il aurait fallut faire preuve de son sens spontané afin de couvrir la bévue. Malheureusement, ils en font une cour de moquerie et médisance vis-à-vis de leurs confrères, retrouvés dans cette défaillance. Alors qu'il croyait être dans un confort crédible parmi des Collègues, une plateforme des évolués comme soi-même, sous une mégarde prétendante, on y est réduit.

Ayons cette ferme conviction qu'un dignitaire peut aussi bénéficier d'une considération péjorative dans un cadre de son rang, parmi des personnalités élevées, alors qu'il est trempé dans un discours lacuneux.

Ainsi, s'il n'y a personne de confident pour lui suggérer sur ces imperfections sous prétexte de lui conférer du respect pourtant péjoratif, ainsi évoluera-il avec brillance dans le même désarroi, sans s'en rendre compte du tout.

Mon intention dans cette deuxième section, n'est nullement pas de réduire nos éminents intellectuels; mais au contraire, de les encourager à faire mieux dans leurs discours pour la vie afin qu'ils deviennent une référence dans leurs milieux opérationnels relatifs.

Ma raison est de me servir de leur degré d'élévation pour nous en servir de ligne de conduite et d'éclaireur à tous ceux qui se voient concernés à cet inédit, lorsque leur adaptation à cette innovation telle que inspirée, aurait été une totale réussite.

Et les faibles n'auraient plus de raison de rétorquer à cette cure. J'y ai apporté de l'insistance afin qu'aucune intention polémique ne prenne espace dans notre cadre interlocutoire.

APPRECIATION ET CONCLUSION

C'est avec une entière satisfaction que je viens conclure cette pensée novatrice à laquelle nous devrions nous orienter pour devenir de plus en plus meilleur dans nos interlocutions.

Nous éviterons bien aussi d'être egocentrique par rapport à cette connaissance. Ainsi, acheminons-la à notre vaste communauté afin que tous s'ajustent aussi à cette réalité comme nous en avons connaissance aujourd'hui.

J'y veux d'autant plus présenter ma gratitude et sympathie à tous mes aimables lecteurs de façons anticipative, surtout de la volupté et intérêt que vous auriez eu pendant la lecture de ce mini ouvrage.

En toute reconnaissance, je vous prie, de m'apporter toutes vos suggestions capables de contribuer favorablement à l'amélioration de notre interlocution, d'autant plus que je serai constamment à votre entière disposition.

Nous sommes tous en pleine école de la vie dans laquelle nous sommes en train d'acquérir des nouvelles connaissances de façon formelle et informelle et qui nécessitera une sorte de restructuration pour une perfection adéquate.

Ce sont des connaissances qui ne sont pas forcement issues du banc scolaires, mais des expériences pratiques tout au long de notre vie. Car le monde en soit est une université dont la nature est notre parfait instituteur.

Merci à tous et bonnes analyses!

Le Lingala est Mal Parlé

'LINGALA ELOBAMAKA MABE'

Une édition éducative à caractère universel pour la civilisation d'un peuple très spécifique; **les Congolais Démocratiques.** *Il est temps que ce peuple mette en valeur sa langue nationale la plus usitée du pays pour la mettre à la portée du monde entier, simplement parce que elle revêt un caractère sensible et captivant de par son intonation.*

Plusieurs des autres nationalités ont choisi la voie de cette langue lingala *pour s'intégrer dans la communauté Congolaise, si bien que la langue est le moyen le plus fort pour l'intégration. Je l'ai, en effet, mentionné dans ma dernière publication, toujours dans la même option d'apprentissage d'une nouvelle langue, dont l'intitulé est:*

'A Gateway to the French World'.

L'éducation est perpétuelle; elle ne connait ni l'âge, ni le temps, ni le milieu, et ni même le genre. Toute opportunité est une voie ouverte de s'acquérir quelque chose de neuf. Et voilà une nouvelle occasion d'ajouter un supplément avec la langue Lingala de la République Démocratique du Congo, ce beau pays en pleine réhabilitation conceptuelle et politique pour une ascension définitive et prospère.

Auteur: *Joel Mbumba Luzolo Kiya*

joel.kiya@gmail.com

Interiors Architect and Construction Project Management Consultant.

ISBN: 978-0-620-92516-7 (e-book) - Edition 2021.

www.ingramcontent.com/pod-product-compliance
Lightning Source LLC
Chambersburg PA
CBHW071800020426
42331CB00008B/2333